CAUSERIES

POLITIQUES

CAUSERIES

POLITIQUES

PAR

J.-B. Charles PAYA

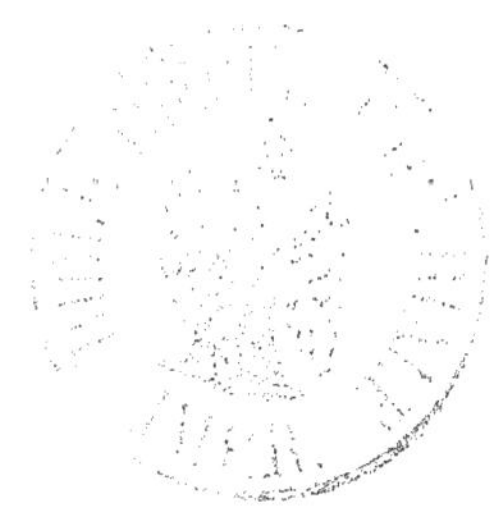

> En politique comme en morale, c'est un grand mal de ne pas faire le bien, et tout citoyen inutile est un être dangereux.
>
> J.-J. Rousseau.

PARIS
CHABOT-FONTENAY, LIBRAIRE-ÉDITEUR
32, RUE NOTRE-DAME-DES-VICTOIRES, 32

1861

CAUSERIES POLITIQUES

> En politique comme en morale, c'est un grand mal de ne pas faire le bien, et tout citoyen inutile est un être dangereux. J.-J. ROUSSEAU.

I

Un député au parlement italien m'écrit tout récemment de Naples :

« La position du pays est toujours fort triste, et nous payons cruellement les nombreuses fautes commises par le gouvernement de Turin. Cialdini a les meilleures intentions ; mais il n'a pas assez de forces, et il manque aussi des pouvoirs nécessaires pour subvenir aux besoins extraordinaires de la situation. Je l'ai vu trois fois, dont une en particulier, et je n'ai pas manqué de lui tenir le langage le plus franc, en insistant surtout sur la nécessité de s'appuyer sur la partie la plus avancée du parti libéral, que l'on a cherché à déprimer depuis le départ de Garibaldi, ce qui a été la cause principale des progrès faits dans le pays par le parti bourbonnien.

» Je ne doute point que Cialdini ne vienne à bout du brigandage ; mais ce n'est là que la maladie aiguë qui afflige ce pays. Quant à la maladie chronique, ce n'est pas lui qui peut la guérir. »

Cette lettre donne en quelques mots le tableau assez vrai de la situation à Naples. Garibaldi avait à peine décrété l'annexion des Deux-Siciles, que tous les efforts du Cabinet de Turin tendirent à rabaisser *le général* (1) et ses volontaires. Le mot d'ordre fut à la fois donné partout, et il n'y eut pas un journal ministériel qui ne s'acharnât après les triomphateurs. A la vérité, par un artifice de rhétorique, on avait soin d'écarter la personne de Garibaldi, pour qui on affectait de témoigner autant d'admiration que de respect ; mais c'était à la condition d'accabler aussitôt les hommes de son choix, de décrier sans exception tous les actes émanés de lui, sous le vain prétexte qu'ils étaient imposés par son entourage. J'ai pu voir de près, pendant mon séjour en Italie, tous les détails de cette souveraine ingratitude ; et, comme je cherchais à me l'expliquer par l'égoïsme et la passion de dominer, il me revint à l'esprit une anecdote de la Monarchie de Juillet. Un jour Louis-Philippe était en grand péril, et il ne manquait plus qu'à lui porter le dernier coup. Des propositions furent faites à un maréchal de France, devant lequel se seraient abaissées les armes de deux régiments. Le maréchal eut

(1) Expression consacrée dans le peuple italien pour désigner l'illustre vainqueur de Milazzo. Pour ces bonnes gens, autant des villes que des campagnes, on dirait qu'il n'y a pas d'autre général que l'homme légendaire.

l'air d'accepter les offres de l'insurrection ; mais il alla aussitôt prévenir le roi du danger qu'il courait. Les mesures furent prises en conséquence de la révélation et la monarchie fut sauvée. Toutefois en homme expérimenté et défiant qu'il était, Louis-Philippe se dit à part lui : « Ce maréchal de France m'a sauvé, mais il ne tenait qu'à lui de me perdre, et ce qu'il n'a pas fait aujourd'hui, il pourrait bien le vouloir faire demain. Donc l'opposition connaîtra sa démarche, et moi je cesserai de l'employer. De cette manière il ne sera plus dangereux ni utile à personne. »

Le Cabinet de Turin aussi s'était dit sans doute : « Garibaldi nous a donné les Deux-Siciles ; mais il ne tenait qu'à lui de les garder, d'en être roi ou dictateur à vie. Or, ce qu'il n'a pas fait aujourd'hui il pourrait le vouloir faire demain. La politique commande donc de l'affaiblir, en prenant toutefois des moyens qui trompent les yeux du vulgaire ». Ainsi fut fait, comme me l'avouait à Naples un Turinois qui paraissait fort au courant de ces manœuvres ténébreuses. L'exécution du programme fut confiée à des gens habiles ; et si la popularité de Garibaldi a résisté aux coups qu'on lui a portés dans l'ombre ou au grand jour, si l'illustre général est toujours la suprême espérance de l'Italie, beaucoup d'hommes qui marchaient sous sa bannière ont perdu, par le fait des adversaires de la démocratie, le prestige nécessaire dans les grandes crises ; et tant qu'ils n'auront pas repris leur ascendant sur les masses, le pays sera malade.... d'une maladie de langueur.

Consolons-nous pourtant. Rien ne pourra redonner

au Bourbon le trône qu'il convoite; toutes les parties saines de la population sont trop d'accord pour le repousser!

II

Un petit livre, que l'on vient d'exhumer, n'est pas de nature à rallier le peuple des Deux-Siciles à son ancienne dynastie. Les jésuites, personne ne l'ignore, sont tous dans la conspiration qui désole le beau pays délivré il y a un an par Garibaldi. Or, voici la manière dont cette secte célèbre entend les droits et les devoirs des souverains. L'écrit où est consignée la doctrine des RR. PP. a autrefois recherché le grand jour. Il voudrait maintenant vivre dans une obscurité profonde; mais on a su l'arracher aux ténèbres qui l'enveloppaient.

L'opuscule dont il s'agit a pour titre : « *Catechismo sulle rivoluzioni*. 1832. *Quinta edizione, accresciuto.* Epig. « Time, Dominum, fili mi, et Regem. (Prov. c. 24. v. 21.) Deum timete : Reges honorificate. (S. Petri ep. 1. 2, 17.) » Napoli, stabilmento tipografico del Tramater, stràda S. Sebastiano N. 30 p. p. 1850 » Il se compose de 56 pages in-12, dont 10 consacrées à une préface de l'éditeur, et 4 à une préface de l'auteur, qui n'est pas nommé.

« Ce petit, mais très utile CATÉCHISME sur les révolutions », dit l'éditeur, « a un but tout religieux. Il mérite partant de rencontrer un accueil favorable (*grata*) près de tout bon chrétien ayant à cœur son propre salut temporel et éternel, comme celui de son prochain. »

La 15e édition voyait le jour après les monstrueux abus de 1848-1850, si justement condamnés par les publicistes et les historiens. L'éditeur, bravant la conscience publique, ne craint pas de dire : « Nous sommes certains qu'applaudiront sincèrement à notre idée de reproduire ce petit livre par la presse, dans les circonstances actuelles, *tous* les habitants du royaume des Deux-Siciles, qui *louent Dieu, et bénissent leur auguste roi, à la vue des plus singuliers bienfaits reçus d'une très large main, de préférence à tout autre peuple,* dans l'époque passée des malheurs publics. »

Ici l'éditeur range à son opinion les archevêques et évêques d'Italie, le Pape Pie IX, parle contre la liberté et l'égalité, contre le communisme et le socialisme, et, revenant à son sujet favori, il ajoute : « Tous connaissent combien fut florissante (*in fiore*) la prospérité publique et privée dans ce *très heureux* royaume des Deux-Siciles, grâce aux soins *paternels* et incessants, par lesquels en favorisait tous les moyens *le plus glorieux et bien aimé souverain,* un Ferdinand II, qui mérite d'être salué *Délice de ses peuples.* »

Mais les révolutionnaires furent assez coquins pour accueillir avec une *brutale ingratitude* « les inestimables bienfaits de cet *excellent* prince !!! (Les 3 points d'admiration sont dans le texte). De ce prince auguste, qui pour sa *généreuse clémence,* pour l'amour de son peuple, pour la gloire du nom napolitain et sicilien *n'eut pas de pareil*; et qui dans *l'exercice lumineux et exemplaire de toute vertu publique et privée* montrait quel don prodigieux la prudence divine avait *en lui* accordé à ses

sujets. » Tout le reste n'est que la paraphrase de ces idées.

La seconde préface dit en quelques lignes ce que la première avait dit en plusieurs pages. J'y note seulement que l'auteur avait intitulé son petit livre *catéchisme chrétien*, et non *catéchisme sur les révolutions*. La pensée, explique-t-il, qui lui dicta l'écrit fut celle-ci : « Si nous nous taisons, et si les impies parlent, et écrivent, et impriment; ceux-ci dans la défaite *seront regardés plutôt comme malheureux que comme coupables : la juste vengeance de l'autorité politique sera considérée comme le droit du plus fort sur le plus faible : il entrera dans les cœurs de la multitude trompée la compassion pour les coupables, et la haine contre l'autorité* ; il ne tardera guère que l'esprit de rébellion soit en état de nuire plus qu'auparavant. »

Le lecteur voit que le texte promet. Examinons-le.

L'ouvrage est divisé en demandes et réponses, comme il convient à tout catéchisme, et il est entremêlé de *déclarations*. Le premier chapitre définit les révolutions à la manière des jésuites, les fait condamner par l'écriture sainte, déclare que *la puissance ne vient que de Dieu*, que *quiconque résiste à la puissance, résiste précisément à l'ordonnance de Dieu, et encourt par là la damnation éternelle*.

D. Celui-là donc commet un grave péché qui se fait auteur ou participant de révoltes ?

R. *Beaucoup plus grave que l'assassinat et l'homicide.* Parce que si l'assassin et l'homicide porte ses coups contre la substance et contre la vie des particuliers, le révolutionnaire menace dans la substance et dans la vie la communauté entière.

D. Mais liberté et révolution n'est-ce point la même chose ?

R. Oui certainement, mais seulement pour cette *poignée de scélérats* qui ourdissent des trames et accomplissent leurs infâmes excès : à ceux-là il est libre de faire et de défaire; c'est-à-dire de faire tout le mal, et de défaire tout le bien.

D. Et pour les autres ?

R. Pour les autres toute la liberté se réduit aux offenses et au mépris de l'Église et de cette famille (royale).... Cela veut dire que chacun est libre de se précipiter et d'entraîner les autres dans l'enfer avec une grande impétuosité et sans retenue.

D. A quelle classe des ennemis de l'Église appartiennent ceux-ci ?

R. Ils comprennent en soi la malice de tous ensemble, du Juif, de l'hérétique, du Turc, de l'idolâtre ; et la surpassent encore de beaucoup.

D. Sont-ils donc aussi excommuniés ?

R. Sans faute, parce que, *ordinairement*, ils sont membres de sociétés secrètes, quel qu'en soit le nom, qu'ils changent continuellement, afin d'éluder la vigilance des magistrats, et de surprendre la simplicité des imprudents. Or ces sociétés secrètes sont itérativement proscrites et fulminées d'excommunication par les constitutions apostoliques des souverains pontifes Clément XII, Benoît XIV, Pie VII, Léon XII, Grégoire XVI et Pie IX, heureusement régnant.

D. Mais comment prouvera-t-on, que, *généralement*, ils appartiennent à des sociétés secrètes ?

une fin droite, et pour remplir les obligations que Dieu a imposées à sa conscience, *ne mérite aucun titre odieux.*

Il n'y a plus à s'étonner maintenant que les Jésuites aient joué le rôle d'espions auprès des Bourbons de Naples ; mais ce qui a droit de surprendre, c'est que, remplissant un devoir de conscience, ils aient réclamé un salaire pour leurs services, comme M. Liborio Romano, pendant son passage aux affaires, découvrit qu'ils le faisaient.

Cet opuscule n'a pas besoin de commentaires, et j'ajouterai un seul mot. D'après les renseignements qu'on me fournit, le *Catéchisme sur les révolutions* a été écrit par un évêque, révisé par un autre évêque, et approuvé par la presque totalité des évêques de l'État napolitain. On ajoute que les deux premiers ont été instituteurs de François II, et que l'élève est digne de ses maîtres.

Fiez-vous donc à son libéralisme !

III

Quoique les démocrates craignent peu de voir jamais renaître dans l'état napolitain le règne de MM. les Jésuites, il considèrent cependant que ce serait folie de ne point opposer à cette puissante organisation une organisation quelconque, pour prêter aide et appui au roi Victor-Emmanuel. Il est donc question de consolider et d'étendre l'*association nationale unitaire*, fondée il y a quelques mois, et dont le statut fondamental s'exprime ainsi :

« Considérant que le premier devoir d'un peuple qui veut acquérir la conscience de soi, de ses devoirs civils et droits civils et politiques, concourir à l'administration de tout ce qui le concerne, afin qu'il subsiste une harmonie perpétuelle entre le peuple et le gouvernement, entre la nation qui pense et la nation qui agit ;

» Considérant que cette harmonie ne peut exister sans une incessante expression des vœux, des besoins et des aspiration du pays, sans une manifestation continuelle de la pensée populaire, qu'un gouvernement libre et éclairé doit examiner, purifier, et traduire en actes ;

» Considérant que cette initiative légale et pacifique constitue la liberté, ravit le pays aux soupçons cachés, aux factions et aux luttes intestines ;

» Considérant en outre que la nation italienne est en voie de s'affranchir, de développer toutes ses forces matérielles et morales pour vaincre les ennemis intérieurs et extérieurs, pour dire à l'Europe avec la voix d'un peuple entier ce qu'elle est et ce qu'elle veut, se préparant ainsi, non par d'infidèles alliances, mais avec le sens instinctif et avec les aspirations naturelles du pays, à corriger les erreurs dans lesquelles pourrait tomber l'intelligence du petit nombre qui gouverne ;

» Il est nécessaire d'organiser un moyen d'expression légale et continuelle, des vœux, des pensées et de la volonté du pays.

» 1.2. L'*Association nationale unitaire* a pour objet :

» *a.* De joindre l'unité nationale, en aidant de toutes ses forces l'accomplissement pratique du programme du général Garibaldi, l'unité nationale avec Rome pour capitale ;

» *b.* De recueillir et d'exprimer par tous les moyens légaux possibles les vœux du pays pour son organisation intérieure et extérieure ;

» *c.* De provoquer l'éducation politique et locale des classes ouvrières.

« 3. Le centre de l'association est à Naples, tant qu'il ne pourra pas se transporter dans le centre naturel de l'Italie, à Rome.

« 4. Peuvent être membres de l'association tous les citoyens italiens qui acceptent son programme et ne sont point exclus pour cause d'immoralité...

« 6. La direction centrale de l'association est composée d'un comité de cinq membres, d'un conseil central de vingt-quatre membres, à renouveler par tiers tous les trois mois, et de cinq secrétaires, tous éligibles par la société elle-même.

« 7. L'initiative des propositions appartient à tout membre de l'association.

« 8. La direction doit convoquer des assemblées régulières et effectuer les propositions discutées et acceptées...

« 12. Tout membre de l'association doit payer une contribution mensuelle : pour les ouvriers d'un carlin (40 centimes), pour les autres en minimum de six carlins.

« 13. La caisse de l'association, accrue par les offrandes extraordinaires, est gouvernée par une commission financière composée d'un caissier, d'un receveur, et d'un comptable. Elle est présidée par un membre du conseil.

« 14. Chaque province a un comité filial central fondé sur les mêmes règles ; chaque ville un comité filial secondaire, ou un simple délégué, à raison de l'importance et de la population.

« 15. Tous les actes de la société sont publics. Des comptes-rendus périodiques doivent révéler les conditions financières.

« 16. Le journal *Il popolo d'Italia* est son organe officiel. »

On croit que, vu la situation des choses, et l'appel fait récemment par Cialdini à toutes les nuances de l'opinion libérale, le gouvernement italien n'entravera point la marche de *l'association nationale unitaire*.

IV

Il est à Naples une autre fraction du libéralisme qui, sans vouloir l'autonomie, que personne ne réclame, parmi les hommes de progrès, désirerait au moins que la constitution italienne empruntât à celle des Deux-Siciles les parties attestant des principes plus larges que ceux décrétés à Turin. Dans ce but, on vient d'établir un parallèle entre la *constitution napolitaine* et la *constitution piémontaise*, en faisant observer qu'on ne demande pas moins la suppression des articles où la première est inférieure à la seconde, que l'adoption de ceux où elle lui est supérieure.

Ce préliminaire posé, passons à l'examen des deux constitutions.

Art. 1. La constitution piémontaise admet la tolérance des cultes existants : la napolitaine défend l'exercice de toute autre religion que l'apostolique romaine.

2. En cas de dissolution de la chambre élective, la constitution napolitaine exige la reconvocation dans trois mois : la piémontaise dans quatre.

3. La constitution napolitaine défend expressément même les impositions communales sans l'assentiment des chambres : la piémontaise se tait.

4. Les chambres piémontaises peuvent concéder les impositions directes pour plus d'une année : les chambres napolitaines ne peuvent les concéder que pour une année seulement.

5. Les chambres napolitaines doivent dans chaque année voter la loi discutée : les chambres piémontaises n'ont pas cette obligation annuelle.

6. La constitution piémontaise défend les pétitions aux chambres en nom collectif : la napolitaine, non.

7. La constitution napolitaine précise les objets sur lesquels doit porter la répression de la presse : la piémontaise parle en général d'en réprimer les abus.

8. La constitution piémontaise constitue dans le sénat un for spécial pour les crimes imputés à ses membres, et pour tous les crimes de haute trahison et d'attentat contre la sûreté de l'État : la constitution napolitaine donne cette même faculté à la chambre des pairs, mais

uniquement pour ce qui touche aux pairs et aux députés.

9. La constitution piémontaise concède au sénateur le privilége de n'être jamais arrêté en matière pénale sans l'autorisation du sénat : il n'est pas clairement dit si, pour les pairs napolitains, ce privilége est absolu ou limité à la durée de la session.

10. A Naples, on peut être député à vingt-cinq ans : en Piémont (1) il faut en avoir trente.

11. La constitution napolitaine garantit expressément la propriété littéraire : la piémontaise la garantit sous le nom générique de propriété.

12. Par la constitution napolitaine le roi a la faculté de dissoudre une partie de la garde nationale : cette faculté manque dans la constitution sarde.

13. La constitution napolitaine défend au roi de faire grâce aux ministres accusés par une chambre et condamnés par l'autre : cette interdiction manque dans la constitution piémontaise.

14. La constitution napolitaine reconnaît expressément le droit des citoyens à se réunir pacifiquement et sans armes : dans la constitution piémontaise ce droit existe par induction.

15. La constitution sarde défend aux chambres de recevoir aucune députation, ni d'entendre personne que ses propres membres : une telle défense ne se lit point dans la constitution napolitaine.

16. Par la constitution napolitaine les traités d'al-

(1) L'examen ne tient pas compte des lois spéciales qui ont été faites. L'auteur compare seulement le texte des deux constitutions.

liance et de commerce doivent être communiqués aux chambres avant d'être ratifiés : par la piémontaise il suffit de leur en donner connaissance, excepté pour ceux de finance et de cession de territoire.

17. La constitution napolitaine permet les tribunaux exceptionnels militaires : la piémontaise non.

18. La constitution napolitaine permet, dans un cas déterminé, la discussion judiciaire à huis-clos : la piémontaise n'en parle point.

19. La constitution napolitaine garantit expressément aux communes l'élection de leurs fonctionnaires et la liberté dans l'administration de leur patrimoine : la piémontaise contient seulement une clause générale.

20. La constitution napolitaine veut deux conditions pour qu'un magistrat soit déclaré inamovible : la piémontaise une seule. Dans les deux conditions napolitaines une néanmoins est essentiellement temporaire.

21. La constitution napolitaine garantit expressément le secret des lettres : la piémontaise suppose une telle garantie comprise dans les principes universels de législation et de morale.

22. Pour terminer, les deux constitutions diffèrent notablement dans les catégories où peuvent être puisés les sénateurs ou les pairs : La piémontaise admet huit catégories, qui manquent dans la napolitaine. — 1° Les majors généraux, ou soient les maréchaux après 5 années d'activité. — 2° Les députés après trois législatures ou six années d'exercice. — 3° Les conseillers de cassation et de la Grande Chambre des comptes après cinq années de fonctions. — 4° Les membres des conseils

de division après trois élections à la présidence de ces conseils. — 5° Les intendants généraux après sept années d'exercice. — 6° Les membres ordinaires du conseil supérieur d'instruction publique après sept années d'exercice. — 8° Ceux qui, par des services ou des mérites éminents, auront illustré la patrie.

Et parmi les catégories admises dans l'un et dans l'autre statut, aucune dans la constitution piémontaise ne détermine la nécessité d'un temps d'exercice dans une charge comme dans la napolitaine. Ainsi les ambassadeurs en Piémont peuvent sans autre être nommés sénateurs : à Naples ils ne peuvent être nommés pairs qu'après trois années d'exercice. — Le Président de la Chambre des députés à Turin peut être immédiatement nommé sénateur : à Naples, pour être pair, il doit avoir cinq années d'exercice. — Les Vice-Présidents de cassation et de la Grande Chambre des comptes n'ont pas besoin en Piémont comme ils l'ont à Naples de trois années d'exercice. — Les Présidents des cours d'appel n'ont pas non plus besoin comme à Naples de quatre années d'exercice.

D'autre part, la constitution napolitaine limite le nombre des archevêques et des évêques dans la Chambre des pairs à dix au plus : dans la constitution piémontaise le nombre est illimité.

L'âge des pairs est de 30 années. — Pour les sénateurs il est de 40.

Quant au cens nécessaire pour être pair ou sénateur, fait relatif à l'argent : il est à peu près le même.

On ne peut dissimuler, dit l'auteur en terminant, que

la constitution napolitaine ne soit en beaucoup de points supérieure à la constitution piémontaise. Cette supériorité pesait d'un grand poids dans la résistance qu'éprouvait autrefois le projet d'annexion, résistance entretenue par le langage fatal de certains hommes, qui parlaient sans cesse de *piémontiser* les Napolitains, au lieu de parler de les *italianiser*. Tous les obstacles sont heureusement disparus, et la réaction cherche seule aujourd'hui à réveiller les susceptibilités locales.

C'est au parlement italien à lui enlever une arme dont elle fait un si triste usage.

V

Laissons Naples pour d'autres sujets. Parmi les nombreux journaux que la liberté conquise a fait éclore en Italie, on distingue aujourd'hui *la Nuova Europa*, de Florence, quoique sa fondation remonte seulement à trois mois. Ce nouvel organe de l'opinion démocratique a pour directeur M. Joseph Montanelli, ancien ministre, M. Joseph Mazzoni, collègue du premier à l'ex-triumvirat, de Toscane, et pour administrateur suprême M. Joseph Dolfi, chef du parti populaire à Florence. La politique qu'entendent suivre les fondateurs peut se déduire des lignes suivantes :

Après, dit le programme de ce journal, la défaite de la soldatesque théocratique de Lamoricière et l'expulsion définitive de la domination bourbonnienne, l'unité royale italienne se trouva placée en face de deux obstacles : l'empire français gardien du pape, et l'empire habsbourgeois avec ses sentinelles sur le Mincio et sur le Pô. Contre les Autrichiens, « Un million d'hommes armés et en avant — crie l'héroïque conscience d'Italie — le général Garibaldi.

» Que mettra en lumière notre journal ? A la parole inspirée, enthousiaste du héros feront écho et commentaire les sévères arguments de la science politique ?...

» Garibaldi réclame un million d'hommes armés ; il ne dit point qu'avec de petits détachements on ait à recommencer le titanesque conflit contre l'Autriche : et nul plus que lui n'a fait preuve d'abnégation de soi-même devant la suprême nécessité de concorde. Mais tout ceci admis, nous affirmons résolument que l'état présent est de révolution et de guerre ; la révolution dérive de l'impétueuse impulsion donnée aux sentiments, aux idées, aux intérêts de tout un peuple... ; la guerre consiste en ce que se trouvent en présence sur notre propre territoire, milices autrichiennes et milices italiennes, peuples frémissants de liberté et sentinelles de tyrannie, d'où le plus léger accident peut d'un instant à l'autre être le signal de la mêlée.

» Il ne dépend donc pas de nous de préférer la guerre ou la paix, le mouvement ou le repos. La logique inexorable du fait exclut en cela toute volonté de choix...

» L'unité italienne et le *non possumus* papal placèrent en face deux principes opposés d'ordre européen : la liberté de conscience et le christianisme politique : la séparation absolue de l'idée juridique de l'idée religieuse et le droit plus ou moins véridique des théories féodales et semi-féodales. La partie monarchique, constitutionnelle, modérée, devint démocratique, révolutionnaire, radicale, quand elle se fit unitaire. Parce que la fondation de l'unité italienne est inséparable de la transformation de Rome, et la transformation de Rome implique un renouvellement fondamental dans le droit européen.

» Les conflits d'opinion sont indice de vie, et condition de progrès. La concorde italienne ne consiste point à vouloir puérilement que tous pensent de la même manière, mais à vouloir tous une patrie, qui protége, contre les tyrannies indigènes et étrangères, le développement de la commune liberté.

» Ni opposants déloyaux, ni courtisans soit du peuple, soit des princes, nous dirons la vérité avec le courage de l'âme qui a foi dans le triomphe de la justice, et nous resterons imperturbables à l'aspect des ovations passagères faites à l'erreur, et quelquefois même au délit. »

Il résulte clairement de cet exposé que *la Nuova Europa* fait appel aux démocrates de tous les pays, pour plaider la cause de tous les peuples. Aussi un Russe lui a-t-il écrit à propos de la triste condition de la Pologne :

« Monsieur le Directeur,

» Je donne la bienvenue à votre journal *la Nuova Europa*. Il arrive à propos quand le feu sacré de la liberté brûle là où la force brutale, pendant tant d'années, s'est appliquée à l'étouffer; quand les nations auxquelles la diplomatie refusait le droit d'exister, les disant impuissantes et éteintes, imitant l'exemple de l'Italie, se lèvent menaçantes et réclament leur autonomie. En ce moment les Slaves, les Polonais, les Hongrois, sont prêts à s'insurger contre leurs persécuteurs, sinon qu'ils se regardent entre eux avec défiance, sans confiance réciproque. En ce moment donc où l'on veut à tout prix le triomphe de la liberté, il ne peut y avoir de question plus importante, plus nécessaire pour tous les amis de la liberté et du progrès, que celle du rapprochement et de la sympathie entre les divers peuples, sur la funeste inimitié desquels le despotisme a jusqu'à présent appuyé sa propre force. A ce but veut coopérer votre nouveau journal qui, par son titre, appelle à lui les hommes de la bonne cause, sans différence de nationalité, à se réunir sous la bannière des idées qui ont pour patrie le monde civilisé.

» Sur le terrain de la *Nuova Europa* les amis du progrès agissent comme un seul homme; et un Russe pourra serrer la main au Polonais, et mettre fin à cette rivalité, nuisible non seulement pour lui, mais encore pour mon pays, parce qu'elle sert d'appui à cette force qui comprime sa patrie comme la mienne.

» On commence, chez nous, à comprendre qu'un gouvernement qui enchaîne et opprime la Pologne ne peut jamais devenir libéral dans la patrie, parce que le résultat d'un telle oppression est la raison d'être du despotisme dans le cœur de la Russie; si bien que celle-ci sera libre le jour où celle-là viendra à s'émanciper.

» La fraternité sincère des peuples est le seul moyen d'empêcher les gouvernements despotiques d'étouffer dans le sang ceux qui secouent leur joug. De cette manière tous les gouvernements, même les plus brutaux, sont contraints d'écouter, de tenir compte de l'opinion publique, de cette puissance morale qui seule pourra empêcher la Russie de secourir l'Autriche en Hongrie, comme en 1849, et de répondre une autre fois par la fusillade aux justes demandes de la Pologne. Et je suis heureux de pouvoir annoncer que dans mon pays cette influence de l'opinion publique sur le gouvernement commence à se faire sentir puissante.

» Le fait de l'officier russe Popoff qui a refusé de faire feu sur la population de Varsovie, rend visible le changement de l'esprit public sur les Russes à l'égard de la Pologne. C'est là le secret du pourquoi la Russie hésite à renouveler dans ce pays les horreurs de 1830.

» Cependant, sans se bien connaître, les peuples ne peuvent se rapprocher ni se tendre la main. Or, nous Russes, nous sommes si peu connus en Europe, que nous sommes confondus avec le gouvernement de notre pays... Dites quelques paroles en faveur de notre pauvre peuple, toujours esclave même après sa prétendue émancipation, s'il n'est plus esclave de la noblesse, esclave certainement de la bureaucratie. Séparez, nous vous en conjurons, le peuple russe de son gouvernement: ne comprenez point dans la même responsabilité gouvernement et nation. La seule faute du peuple russe est celle de la plus grande partie des peuples du monde, le manque d'une conscience claire et forte de ses propres droits. Mais j'ai des raisons d'espérer qu'il ne tardera point à l'acquérir, et nous verrons ce qu'il en sera alors du gouvernement actuel.

» La nation russe est conquise, ni plus ni moins que la Vénétie par les Autrichiens ; elle est conquise comme les peuples slaves de la Turquie. Nous sommes la conquête d'un gouvernement étranger et antinational. Les principes et les intérêts du gouvernement de notre pays ne sont point nationaux, mais entièrement dynastiques. Le gouvernement russe ne représente que lui-même et sa bureaucratie Tartaro-Tédesque. La vie, les idées, les principes de la nation russe sont tellement divers de ceux de son gouvernement, que celui-ci ne pourra plus gouverner quand celle-ci sentira bien toute l'étendue de l'antagonisme.

» Parlant au nom du peuple russe qui commence à s'éveiller, au nom de la minorité démocratique, déjà séparée du gouvernement, et qui n'espère rien de lui comme gouvernement antinational, le laissant périr de cette mort qui menace tout gouvernement qui de nos jours n'a point de nationalité ; au nom de ces confrères russes qui du rapprochement des peuples attendent leur propre émancipation, et qui tiennent l'œil fixé sur la Pologne, *dont les destins servent leurs propres destins*, je viens vous demander une place dans votre journal, parmi ceux *qui combattent pour la civilisation progressive.* « Un démocrate russe. »

Nous tenons de bonne source que l'auteur de cette

lettre a donné son nom au journal, comme garantie des faits qu'il avance et des jugements qu'il porte.

VI

Maintenant un mot de Rome, cette ville constamment à l'ordre du jour, grâce à son occupation par nos troupes. Une lettre que je reçois d'un Français voyageant pour des affaires de commerce contient des détails assez piquants.

« La libération », me dit-il, « du plus grand nombre des provinces d'Italie, fait qu'on voyage aujourd'hui dans presque toute la Péninsule sans passeport ou à peu près, et le système des douanes, déjà fort adouci, tend tous les jours à s'améliorer. Il en est bien autrement pour Rome et Venise, encore soumises au joug, l'une des prêtres, l'autre des Autrichiens ; et n'y eût-il que les vexations que vous fait éprouver la police dans ces deux provinces, il faudrait désirer de se débarrasser des uns et envoyer promener les autres. Parlons de Rome puisque j'y suis.

» Lorsque nous sommes arrivés à Civita-Vecchia, croyez-vous que nous ayons pu débarquer au bout de quelques instants, comme on le fait à Gênes où à Naples.? Pas du tout ; il s'est passé plus de deux heures avant que le bureau de sûreté nous ait délivré le permis nécessaire. Nos bagages à terre, avons-nous pu les envoyer au chemin de fer et avoir la disposition de nous-mêmes ? Nullement : il a fallu nous rendre à la douane afin de payer quelque chose comme 10 *carlini* d'impôt, et laisser procéder à la visite de nos effets. Ici s'est passée une chose vraiment comique. J'avais au fond d'une malle deux ou trois volumes dont l'entrée dans les États du Pape aurait peut-être offert quelque difficulté. Voyant que l'employé commençait à soulever le linge, j'ai eu l'idée de mettre et de tenir d'une manière ostensible une pièce de deux carlins entre mes doigts. Le gabelou n'a pas tardé à détourner la tête. J'ai aussitôt remis la pièce d'argent au faquin chargé de présenter les effets à la vérification, et au même instant ma valise a été fermée, mon sac de nuit et mon étui de chapeau, non encore ouverts, emportés, cordés, et plombés par le faquin, sans que personne songeât à opérer le moindre examen.

» Voilà, pour le dire en passant, à quoi servent les ennuis d'un bureau de douane dans les États du Pape !

» Cependant tout n'était pas fini. On m'a prévenu que mon passeport était à la police de la ville, et que je ne pouvais partir pour Rome avant de l'avoir retiré. Il m'a donc fallu consigner mes bagages à la garde de gens que je ne connaissais point, pour aller en quête du bureau de police. Les employés de police faisaient la sieste. Néammoins au bout d'un quart d'heure, l'un d'eux a paru, et, moyennant un paolo, il a apposé son visa et m'a remis mon passeport.

» Je ne l'ai pas gardé longtemps cet infortuné passeport! Quand je suis allé prendre ma place au chemin de fer, on me l'a encore retenu en me disant qu'il me serait rendu à Rome. On m'a donné en échange une espèce de déclaration imprimée en lettres rouges, dans laquelle j'étais menacé des peines les plus sévères et des mesures les plus rigoureuses, si je ne me présentais dans les 24 heures pour retirer le dit passeport ou obtenir une carte de séjour. Mais quand, rendu enfin dans la ville éternelle, j'ai voulu avoir l'un ou l'autre, il m'a été répondu que la carte de séjour n'était pas nécessaire, et que mon passeport me serait rendu visé la veille de mon départ. Je connaissais vos infortunes pour avoir été privé des deux, et comme je n'avais nulle envie de faire connaissance avec les sbires pontificaux, j'insistai pour qu'on me remît ou le passeport ou la *carta di sicurreza*; mais toutes mes instances furent inutiles. Heureusement, je suis négociant et non journaliste : jusqu'à ce moment il ne m'est rien arrivé de fâcheux.

» Il faut dire aussi que je me défie singulièrement des mouchards, et que je ne dis point ma pensée au premier venu. J'aurais même redouté de vous écrire, si cette lettre avait dû partir par la poste papale, car mes compatriotes m'ont assuré que la police se gêne peu pour arrêter au passage tout ce qu'elle soupçonne contenir un mot de politique. Mais j'ai une occasion sûre pour la France et alors je me risque.

» Vous saurez donc que rien ne peut donner une idée de la haine que l'on a ici pour le gouvernement des prêtres. Vraiment celui-là serait habile qui réconcilierait le pouvoir temporel avec l'Italie, et particulièrement avec Rome. Une dame dont le métier n'est pas de faire de la politique me disait il y a deux jours : « Le Pape serait un ange, que nous n'en voudrions pas pour roi ! » Voilà où ont conduit les abus sans nombre dont l'État pontifical est témoin.

» Faut-il maintenant vous parler de l'ex-roi de Naples ? Les brigandages dont on le dit l'instigateur font que son nom est dans toutes les bouches. Des personnes qui prennent leurs désirs pour la réalité, ont prêté à François II le projet de se rendre en Bavière avec sa jeune femme ; mais soyez assuré qu'il n'en est rien. Malgré la vente de sa belle propriété du mont Palatin, connue sous le nom de *Jardin-Farnèse*, le fils de Ferdinand ne songe nullement à quitter Rome, si favorable à ses intrigues. Il semble au contraire persuadé, à moins que ce ne soit de sa part un jeu de comédie pour encourager ses partisans, qu'il ne tardera point à remonter sur le trône de ses ancêtres. En attendant, on le voit se rendre presque tous les jours sur la magnifique promenade du Pincio, où, donnant le bras à l'ex-reine, il parcourt solitairement des heures entières une allée de prédilection. Le peu de personnes qui se hasardent de temps à autre sur les pas du jeune couple ont remarqué que, dans leurs conversations, le prince et la princesse ne parlent jamais que français. François II, cependant, n'a jamais passé pour plus habile dans notre langue que son père ; et l'on sait si celui-ci l'écorchait !

» Quant aux anciens serviteurs de François II, je vous dirai que de tous les militaires qui s'étaient échappés de Capoue et de Gaëte, par besoin ou calcul, pour entrer dans les États de l'Église, il n'y en a presque plus un seul à Rome. Après la capitulation de Messine, ily avait ici dix-huit cents soldats ou officiers bourbonniens, dont six cents à peu près casernés en ville et le reste en dépôt à une lieue des murs. Le nombre des officiers était de trois cent quatre-vingts, et celui des aumôniers de régiment de onze. Supérieurs et inférieurs étaient dans un état pitoyable, et l'on voyait que les uns et les autres avaient considérablement souffert pendant les siéges endurés. Leur misère à tous était extrême, et l'on citait des officiers demandant l'aumône d'une baïoque pour acheter un cigare. Mais cette triste condition vint bientôt s'améliorer. Voici à quelle occasion :

» Autant officiers que soldats tous montraient une très vive irritation contre Victor-Emmanuel. Ils disaient qu'ils ne lui pardonneraient jamais de les avoir chassés de leur patrie, et qu'ils aimeraient mieux servir un souverain étranger que lui.

» Un seul d'entre eux, m'assure-t on, consentit à prendre volontairement du service dans l'armée d'Italie. C'était un colonel, à qui il manquait seulement quelques mois pour avoir droit à la pension de retraite, laquelle eût été perdue s'il avait refusé de prêter serment au nouveau roi. Mais il disait bien haut que, sa position liquidée, il ne resterait pas un seul jour de plus sous les armes.

» Qu'est devenu cet officier supérieur? Je l'ignore. Pour les autres, chefs et simples soldats, leur aversion pour Victor-Emmanuel ne tarda pas à trouver sa récompense. D'un paolo (environ 55 centimes), que recevaient par jour les soldats, leur solde fut portée à 4 paoli ; le sous-lieutenant reçut 6 paoli et 3 baiocchi ; le lieutenant un ducat (environ 4 fr. 15 c.); le capitaine 40 ducats par mois (5 fr. 65 c. par jour); le major 60 ducats (8 fr. 50 c. par jour); le colonel 80 ducats (10 fr. 65 c. par jour).

» Cette rétribution magnifique a jeté dans les rangs de Chiavone et autres bandits tous les soldats bourboniens disponibles.

» Mais d'où François II tire-t-il tout l'argent nécessaire pour alimenter ces hordes? Les uns disent qu'il l'a rapporté de Naples; d'autres, qu'il lui est fourni par la vente de ses meubles et immeubles; d'autres qu'il le doit à la munificence des cardinaux, qui eux-mêmes le devraient au denier de St-Pierre et à l'aliénation de chefs-d'œuvre qui sont non la propriété du pape, mais celle de l'État; d'autres, enfin, croient que d'abondants subsides sont envoyés par des puissances étrangères au souverain détrôné.

« Pour moi, je suis depuis trop peu de temps à Rome pour avoir la clef de ces mystères, et je me borne à vous transmettre les bruits recueillis en courant. »

VII

De Pérouse on me mande des renseignements d'un autre genre, mais qui ne sont pas non plus un faible argument contre le gouvernement romain.

« Vous savez », me dit-on, « l'immense part que s'est faite le clergé romain dans la propriété immobilière;

je veux aujourd'hui vous entretenir des abus auxquels donne lieu la branche des employés.

Le gouvernement papal a longtemps fait le sourd avant de nous initier à ces détails; mais enfin, vaincu par l'opinion publique, il a publié ce qu'il veut bien nommer un compte-rendu de la secrétairerie d'État. C'est de ce document que sont extraites les remarques suivantes :

Le total des employés dans l'État romain était, en 1859, de 5,302. Sur ce nombre, 5,059 employés *séculiers* touchaient entre eux tous une somme de 1,186,194 écus, et 243 *prêtres* absorbaient à eux seuls 190,316 écus.

Voyez, avait-on dit, et M. de Rayneval, ancien ambassadeur de France à Rome, était au nombre des prôneurs; voyez comme agit un gouvernement purement ecclésiastique : il a plus d'employés laïques que de prêtres, et les premiers perçoivent du trésor une somme six fois plus forte que les derniers. Mais, quand on entreprend d'analyser le sujet, on trouve d'abord que les ecclésiastiques étant dans l'État beaucoup moins nombreux que les laïques, il n'est pas surprenant que ceux-ci occupent plus d'emplois que ceux-là. Ensuite il est dans chaque dicastère une foule de fonctions qui sont incompatibles avec le caractère sacerdotal, et alors quoi de merveilleux que des prêtres ne les occupent point. Ainsi pourrait on nommer un prêtre : *huissier* au ministère de grâce et justice, *policeman* à celui de la police, *portier* ou *valet* dans tout autre? Le gouvernement papal n'a donc aucun mérite à prétendre pour avoir colloqué des laïques à ces divers emplois.

Ce qu'il importe, c'est de prendre dans chaque ministère l'élément *ecclésiastique* et l'élément *séculier*, et de voir quelle est la moyenne approximative du traitement que reçoit le prêtre et de celui que reçoit le laïque. Or, voici les chiffres fournis par l'œuvre officielle du gouvernement pontifical lui-même.

Ministères. — *Extérieur.* — Employés ecclésiastiques, 17; solde, 68,486 écus; moyenne pour chaque employé, 4,029 écus.

Employés séculiers : 30; solde, 11,468 écus. Moyenne pour chaque employé, 382 écus.

Intérieur. — Employés ecclésiastiques : 156; solde, 52,123 écus. Moyenne, 334 écus.

Employés séculiers : 1,411 ; solde, 254,160 écus. Moyenne, 217 écus.

Instruction publique. — Employés ecclésiastiques : 3; solde, 1,400 écus. Moyenne, 380 écus.

Employés séculiers : 11; solde, 3,444 écus. Moyenne, 325 écus.

Finances. — Employés ecclésiastiques : 3; solde, 5,680 écus. Moyenne, 1,893 écus.

Employés séculiers : 2,017; solde, 514,172 écus. Moyenne, 254 écus.

Grâce et Justice. — Employés ecclésiastiques : 59; solde, 56,341 écus. Moyenne, 954 écus.

Employés séculiers : 927; solde, 246,074 écus. Moyenne, 265 écus.

Commerce et Beaux-Arts. — Employés ecclésiastiques : 1; solde, 2,000 écus. Moyenne, 2,000 écus.

Employés séculiers : 61 ; solde, 13,136 écus (1). Moyenne, 230 écus.

Travaux publics. — Employés ecclésiastiques : 2; solde, 426 écus ; moyenne, 213 écus.

Employés séculiers : 100; solde, 34,515 écus. Moyenne, 345 écus.

C'est le seul dicastère où les employés laïques sont plus rétribués que les employés cléricaux. Mais combien y a-t-il de ceux-ci ? Deux.

Armes. — Employés ecclésiastiques : 0 en 1859. Mais depuis il en est entré plusieurs dans ce ministère, et M. de Mérode à lui seul touche, en traitement fixe ou accessoires, environ 5,000 écus par an.

Employés séculiers : 98; solde, 34,151 écus. Moyenne, 348 écus.

Police. — Employés ecclésiastiques : 2; solde, 4,119 écus. Moyenne, 2,059 écus.

Employés séculiers : 404; solde, 75,072 écus. Moyenne, 185 écus.

En résultat, laissant de côté M. de Mérode et ses acolytes, on trouve que l'employé ecclésiastique touche en moyenne 783 écus par an, tandis que l'employé laïque ne perçoit en moyenne que 234 écus.

Cette différence paraîtra bien plus injuste si l'on réfléchit que les 783 écus perçus par l'ecclésiastique n'ont à satisfaire aux besoins que d'un seul individu, au lieu que les 234 écus que reçoit le laïque doivent pourvoir aux nécessités de plusieurs personnes.

(1) Je néglige partout les fractions quand il s'en trouve, quelques centimes n'étant rien sur une somme importante.

Un employé du gouvernement est partout synonyme de famille et appartient à cette classe qui compose ce que l'on nomme la classe moyenne, dans laquelle les convenances et les exigences citadines sont plus fortes et plus senties que dans les classes plus basses du peuple. A Rome, ensuite, il y a ceci de remarquable que presque tous les employés ministériels sont privés de tout autre genre de fortune, la classe des petits propriétaires n'y étant pas connue, attendu la gigantesque absorption des propriétés dans les mains de l'aristocratie nonchalente et des mains-mortes ; d'où la conséquence que la subsistance d'un employé et de ses enfants doit se tirer uniquement de ces mesquins 234 écus annuels, c'est-à-dire d'environ 20 écus au mois.

Dans une ville où la cherté des vivres et de tout ce qui sert à la vie est alimenté d'une manière extraordinaire par l'avidité de ces monopoleurs si connus qui se sont faits millionnaires avec le sang du peuple, comment l'employé père de famille pourra-t-il, avec cette misérable rétribution de 63 sous par jour, pourvoir à ses besoins et à ceux de la famille ?

Des injustices signalées, et non d'ailleurs, naissent les vols, les concussions, les péculats, les prévarications, et cette immoralité qui marque d'infamie le front de tant de maris et de tant de pères. Qu'on cesse donc ces dithyrambes perpétuels de gouvernement patriarcal, de bureaucratie florissante, de vie aisée et facile ! La vérité, nous venons de la dire, et en prenant pour base de nos raisonnements une publication officielle.

VIII

Tout récemment, le 1er septembre 1861, la Compagnie des chemins de fer romains inaugurait la ligne de Bologne à Forli. Les populations, qui se pressaient partout sur le parcours du convoi, l'accueillaient avec un immense enthousiasme. Avec une intelligence qui a résisté même à l'étouffement clérical, ces heureuses gens avaient la conscience du prodigieux changement que la vapeur et les rails vont opérer dans leur pays. On comprendra mieux leur exaltation après avoir lu la lettre suivante, écrite quelques jours avant la solennité qui vient de surpendre autant que ravir les habitants de l'Émilie.

« Forli, 24 août 1861.

» Tous les économistes savent l'importance qu'ont pour la prospérité des États les voies de communication et les moyens de transport. Je crois donc aujourd'hui devoir vous dire quelques mots de ceux de la Toscane et des Romagnes, afin de montrer combien il est urgent que le gouvernement italien hâte l'exécution des chemins de fer encore à construire.

» Vous n'ignorez point qu'aucune voie ferrée ne relie Florence à Bologne, ni à Ravenne et à Rimini, deux ports sur l'Adriatique qui, pour être moins importants qu'Ancône, ne laissent pas d'avoir leur valeur. Cette difficulté de sortir de la capitale de la Toscane dégoûte d'y venir beaucoup d'étrangers, et surtout les voyageurs de commerce, dont le temps est compté d'avance. Jugez plutôt, par ce qui m'est arrivé, des tribulations qui attendent les hommes impatients ou ceux que pressent leurs affaires.

» Le jour où toutes mes dispositions étaient prises pour quitter Florence et me rendre à Bologne, il n'y avait aucune place de libre dans les voitures qui font le trajet direct entre ces deux villes. Je me résolus alors à partir pour Forli, et je voulais profiter de l'occasion forcée de ce détour, pour aller voir à Rimini, principal atelier de travaux pour les chemins de fer romains, où en était l'exécution de cette grande entreprise.

» A entendre les employés du bureau des diligences, il y avait, pour se rendre de Forli à Rimini des occasions tous les jours, et pour ainsi dire à chaque heure. Cependant, qu'est-il arrivé? Je vous fais grâce de ces voitures incommodes et de ces attelages primitifs qui nous reportent à cent ans en arrière; mais, arrivés à Faenza, les voyageurs qui poussaient jusqu'à Forli ont vu leurs bagages déchargés et transportés sur une cariole, auprès de laquelle nos anciens coucous parisiens seraient des voitures princières. Comme on vit dans l'espérance d'un chemin de fer, le pays, sous ce rapport, n'a pas fait un pas, et il se trouve absolument desservi comme il l'était sous le gouvernement papal.

» Rendus enfin à Forli, nous avons eu bien d'autres déceptions. Aucune diligence, aucune voiture à destination de Rimini. Le service pour les voyageurs entre ces deux villes est entièrement éventuel. Pour partir, il faut attendre une place de la diligence ou du courrier qui viennent de Bologne et ne font que passer. Naturellement on ne peut rien vous garantir d'avance, et vous n'avez une place que si toutes n'ont pas déjà été prises pour Rimini au point de départ; que si l'on veut aller de Forli à Bologne, c'est le même inconvénient et la même difficulté.

» Voilà donc une ville de plus de seize mille âmes, et qui, libre aujourd'hui, ne demande qu'à se développer, privée de moyens fixes et certains de transport pour se rendre soit à l'une, soit à l'autre des deux localités importantes sur la ligne desquelles elle est placée, et presque à une égale distance de l'une et de l'autre.

» Je crois qu'un tel état de choses doit grandement appeler l'attention du gouvernement italien.

» Toutefois, comme, suivant le proverbe, à quelque chose malheur est bon, mon voyage à Forli m'a permis de faire d'autres observations qui ont bien aussi leur valeur.

» Non loin de Marradi, village situé à quarante milles de Florence, est le point qui sépare la Toscane de l'ancien État romain. Tout vestige de la domination cléricale a disparu, et nous avons franchi la défunte frontière comme si ce point n'avait jamais partagé deux souverainetés. Arrivé là, le conducteur a poussé un grand soupir de satisfaction; et comme je lui demandais la cause de ce contentement, — « Il n'y a pas longtemps encore », m'a-t-il répondu, « sous ce détestable gouvernement des » prêtres (j'adoucis l'expression), toutes les fois que je » passais ici il me fallait perdre près de deux heures pour » la formalité des douanes et l'examen des passeports; la » plupart des voyageurs faisaient retomber leur colère sur

» moi, et ils étaient de mauvaise humeur tout le restant de » la route, comme si le retard eût été ma faute. Maintenant, » il n'y a plus d'obstacle à ma marche, et tout le monde » est content, moi le premier. »

» Tout le monde est content, en effet, et ce ne sont pas seulement les voyageurs qui bénissent le changement survenu. A Brisighella, à Faenza, les petits cafés, les auberges, les cabarets, tous ont mis sur leurs enseignes la croix de Savoie avec les couleurs italiennes, et ces deux anciennes villes du pape ont aussi multiplié à l'infini l'inscription :

VIVE
VICTOR-EMMANUEL II
NOTRE ROI.

» On la rencontre à chaque pas, et je vous assure que lorsqu'on parle aux habitants, on reconnaît bien vite qu'il n'a pas été besoin de l'intervention de la police pour obtenir ces nombreuses preuves d'amour !

» Faenza a pour garnison le 25e régiment de ligne italien au complet. Ces braves militaires sont là en famille, et c'est à qui leur fera fête. Au temps de la domination papale, au contraire, chacun s'éloignait des soldats romains, et l'on ne redoutait rien tant que de se trouver en contact avec eux.

» Les mêmes observations s'appliquent à Forli. Ici, outre le 23e régiment de ligne au complet, se trouve une batterie d'obus. C'est à Forli qu'est le commandement de la 7e division du 4e corps d'armée, lequel a pour centre Bologne. La musique du 23e régiment se fait entendre tous les soirs sur une des places de la ville, et ce concert en plein air paraît grandement réjouir ceux qui l'écoutent.

» Depuis le changement de domination, la place San Francesco est devenue *place Garibaldi*, la place Maggiore, *place Victor-Emmanuel*. Sur plusieurs points de cette dernière, j'ai lu en caractères peints :

NAZIONE ARMATA
PROGRAMMA
DELL' EROE
GARIBALDI.

» Sous les portiques opposés au palais de l'Intendance des finances, le patriotisme des habitants a consacré le souvenir des frères tombés pour la liberté.

» Une immense plaque, en marbre blanc, entourée d'un cadre en marbre noir et surmontée d'un médaillon en marbre blanc, est plaquée au mur. Au centre du médaillon on lit : L'Italia ; sur la plaque même :

Forlivais morts
dans la guerre de l'indépendance italienne
1848.

Suivent 9 noms.

1849.

Suivent 12 noms.

1859.

Suivent 3 noms.

» La vénération dont jouit ce monument suffirait pour montrer que le gouvernement papal a fait son temps dans ce pays, et qu'à moins de folie on ne saurait songer à le restaurer jamais. »

J'ai moi-même parcouru, il y a peu de mois, les provinces dont il est question dans cette lettre, et je suis complétement de l'avis de l'auteur.

IX

Depuis quelque temps, les journaux italiens sont remplis de projets de réaction armée qu'aurait en vue l'ex-duc de Modène. Ils ajoutent que si ces projets s'effectuent, le souverain déchu aura l'Autriche pour auxiliaire. Cela ne doit surprendre aucunement. Le cabinet de Vienne a toujours retiré un grand profit du concours prêté aux princes d'Italie, et il trouve un bonheur extrême à les tenir sous sa dépendance. Pour le montrer, il suffira de rappeler une partie de sa conduite envers l'État qu'il s'agirait aujourd'hui de restaurer. Que dit l'histoire des dernières années ? Le voici :

Plus les désirs de liberté s'étendaient en Italie, plus étroites se faisaient les relations entre les gouvernements de Vienne et le duc François de Modène. Ce petit souverain était à proprement parler le premier instrument de la police que M. de Metternich avait établie dans la péninsule. A l'exception de la reconnaissance de Louis-Philippe, que le chancelier impérial réclama en vain, on peut dire qu'il n'éprouva jamais de refus de son vassal. On se fera une idée de la nature des services que François d'Este rendait à l'Autriche, par quelques lignes d'un mémoire diplomatique adressé, dans le courant de février 1836, par le chevalier Menz au prince de Metternich : « Quant au choix », lui disait-il,

» d'un roi unitaire, les constitutionnels avaient d'abord
» tourné leurs regards vers les princes italiens, et ils
» étaient entrés en propositions plus ou moins expli-
» cites, autant qu'il paraît, avec chacun de ces princes,
» *sans en excepter* le duc de Modène. »

Le 21 février 1846, la mort de François IV remplissait de joie et d'espérance les peuples qu'il avait durant trente-un an tyrannisés sans pitié. Au mois de décembre de l'année suivante, Marie-Louise, duchesse de Parme, disparaissait aussi tranquillement de la scène du monde. Les temps étaient orageux, et le cabinet de Vienne avait le plus grand intérêt à ce que les nouveaux souverains de Modène et de Parme restassent inféodés à l'empire.

Au duc de Modène François IV succéda son jeune fils François V. Ce prince annonça, par un édit public, que sa ferme intention était de se vouer avec soin à la pleine félicité de ses sujets. Ce sont là d'ordinaire les mensonges de tout règne qui commence. La vérité historique oblige à dire cependant que François V était sincère. Le bruit courut même un instant que le jeune duc voulait s'affranchir de l'ignoble vasselage autrichien, et devenir un souverain indépendant. Mais le cabinet de Vienne ne perdit pas de temps pour étouffer dans son cœur jusqu'au moindre désir de réformer la vicieuse administration de l'État et d'inaugurer un régime qui pût faire naître une concorde spontanée entre gouvernés et gouvernants. MM. Neuman et Schnitzer, auxquels le prince de Metternich avait confié le soin de tenir sous une tutelle rigoureuse le jeune duc, surent s'y prendre de façon qu'il ne resta réellement ni à François V ni à ses ministres aucune liberté d'action.

Un sort également honteux atteignit le nouveau prince appelé à gouverner Parme. Dans le mois de mars 1848, au milieu du triomphe des Lombards soulevés, Charles Louis de Bourbon voulut qu'on imprimât un chirographe souverain dans lequel il disait : « Je » déplore le temps pendant lequel la nécesssité et la » condition géographique et politique de ces pays m'ont » soumis à l'influence étrangère. » Et l'on a encore eu des preuves que cette déclaration n'était point un calcul rétrospectif. Or qu'arriva-t-il? La duchesse Marie-Louise avait à peine cessé de vivre, que les Autrichiens occupaient Parme sous le spécieux prétexte d'honorer la défunte souveraine. Cependant le comte de Rombelles, choisi antérieurement par l'empereur pour gouverner les États et dominer l'esprit de sa fille, essayait presque de vive force de maintenir étroitement le pouvoir dans ses mains. En même temps le prince de Metternich, par l'entremise de son envoyé à Turin, faisait savoir à Charles Louis de Bourbon, que s'il voulait définitivement passer dans la souveraineté des duchés de Parme et de Plaisance, il devait d'abord déclarer au cabinet de Vienne son refus de poursuivre les réformes gouvernementales auxquelles il paraissait disposé pendant qu'il était à Lucques. L'archiduc Maximilien à son tour déclara au nouveau souverain de Parme, que l'Autriche exigeait de lui une pleine soumission de volonté, faute de quoi l'empereur se verrait contraint d'employer les moyens qu'il jugerait les plus convenables pour comprimer l'hydre révolutionnaire. Enveloppé par de tels liens, Charles-Louis se plia résigné aux volontés de l'Autriche.

Tout allant au gré de ses désirs, la chancellerie impériale, aussi bien à Parme qu'à Modène, se livra à une compression violente, et montra de cent manières aux Italiens que pour eux Vienne ne reconnaissait ni le droit naturel, ni le droit écrit, ni la raison d'équilibre européen. Afin de mieux poursuivre sa politique subversive, le cabinet viennois, dans le courant de décembre 1847, contraignit François V et Charles-Louis II de Bourbon à ratifier un traité par lequel il resta stipulé : « Que les États de Modène et de Parme entraient dans la » ligne de défense des provinces italiennes de S. M. l'em» pereur ; conséquemment, restait accordé à l'Autriche » le droit de faire avancer les troupes impériales sur les » territoires modénais et parmesan, et d'en occuper les » places de guerre toutes les fois que l'exigerait l'intérêt » de la commune défense ou la prudence militaire. »

Il est facile de voir que, par de telles stipulations, l'Autriche non seulement offensait l'équilibre italien statué à Vienne en 1815, mais de plus qu'elle commettait une violation manifeste et flagrante du traité passé à Paris le 18 juin 1817, par commun accord des grands potentats. Contrairement à tout ce qui avait été réglé, et comme si l'Italie était au ban de la loi commune, l'Autriche, sans montrer le moindre respect pour le droit public et les traités européens, traversait à volonté le Pô et les Apennins, et acquérait la liberté de planter ses propres drapeaux et de cantonner ses propres soldats sur plus de deux cent quarante milles carrés, que lui avaient interdits, dans l'intérêt permanent de l'équilibre européen, les grands régulateurs et gardiens du droit public.

Après l'annulation de l'indépendance politique et territoriale des deux duchés italiens, il fallait encore arranger les choses de manière qu'une incorporation définitive de ces duchés aux domaines impériaux fût possible. Subtilisant toujours ses malices selon que les temps demandaient qu'on poussât le vieux projet de prédominer dans la péninsule italienne, le cabinet de Vienne avait insisté pour que le droit fût accordé à l'empereur de faire occuper les territoires de Modène, Reggio, Lusigniana, Carrara, Massa, Guastalla, Parme, Plaisance, autant de fois que l'exigerait la prudence militaire.

En 1817, la Sardaigne attristée avait protesté contre le droit que s'arrogeait l'Autriche de tenir garnison dans Plaisance. L'année 1847 venue, en voyant précisément s'accomplir une nouvelle violation à la loi commune promulguée en 1815, la cour de Turin protesta de nouveau formellement. Mais les réclamations d'un petit État italien ne devaient guère peser à une puissance qui, peu de temps auparavant, avait porté l'audacieuse insolence jusqu'à violer la même loi commune en trompant la France et l'Angleterre, au sujet de Cracovie.

Au commencement de 1846, le cabinet de Vienne mandait à M. Guizot que, de concert avec la Prusse et la Russie, elle allait occuper militairement Cracovie, uniquement pour préserver « la population tranquille et le » gouvernement de cette cité d'être victimes d'une cons» piration, qui avait pour mobile la soif du pillage. » De son côté, le vicomte Palmerston avait été averti par le

prince de Metternich que « l'intervention armée de l'Au-
» triche dans la république de Cracovie était tout à fait
» temporaire, et qu'elle cesserait aussitôt qu'on aurait
» la certitude d'un état de choses dans ce territoire con-
» forme à l'ordre établi par les stipulations de Vienne. »

Peu de mois après, la libre république de Cracovie était définitivement incorporée à l'empire autrichien, sans même que la France et l'Angleterre en fussent préalablement instruites. Les deux puissances protestèrent pour la cause du bon droit et de la foi publique, mais aussi inutilement que, l'année suivante, protesta la Sardaigne pour le maintien de l'équilibre italien, et pour la conservation de l'indépendance territoriale des États de la péninsule.

Le résultat de ce mépris de toute justice et de toute pudeur fut qu'à la fin de 1847 il n'existait plus une république de Cracovie, ni un prince de Modène, ni un prince de Parme, mais il y avait dans l'assiette politique de l'Europe trois provinces autrichiennes de plus.

Tout ce que, depuis ce temps, le cabinet de Vienne imposa de subordination au duc de Modène, on le trouvera relaté dans une circulaire adressée (juin 1859) par M. le comte de Cavour aux représentants du roi de Sardaigne accrédités près les cours étrangères. Il nous semble donc inutile de la rappeler. Mais nous croyons au moins pouvoir dire en terminant que c'est ce vasselage tant regretté que l'Autriche aurait grande envie de rétablir.

FIN.

Paris. Imp. Félix Malteste et Cᵉ, rue des Deux-Portes-St Sauveur, 22.

UN PRISONNIER DU PAPE,

Brochure in-8°, prix : 1 fr.; et 1 fr. 20 c. par la poste.

LES PRISONS PAPALES,

Brochure in-8°, prix : 1 fr.; et 1 fr. 20 c. par la poste.

DE L'ORIGINE DE LA PAPAUTÉ,

1 vol. in-8°, prix : 3 fr.; et 3 fr. 40 c. par la poste.

Jugement des Journaux et Revues.

La Presse. — La librairie Chabot-Fontenay met en vente aujourd'hui *Les Prisons papales.* C'est une nouvelle brochure de M. Charles Paya, qui publiait, il y a quelques jours, *Un Prisonnier du pape.* M. Paya a longtemps vécu en Italie; il l'a étudiée sous tous ses aspects; il en connaît à fond les hommes et les choses, et peu d'écrivains, dans ces derniers temps, en ont parlé d'une manière plus saisissante et plus instructive. La cause de l'absolutisme n'a pas de plus ardent adversaire, la cause de l'indépendance de plus chaud défenseur.

Nous aurons peut-être occasion de parler de la nouvelle brochure de M. Paya; nous en détachons aujourd'hui les passages que voici.

(Suit une citation de plusieurs colonnes.) J. MAHIAS.

Le Temps. — 1° Le gouvernement romain n'emprisonne que sur des preuves irréfutables, et nulle part la liberté individuelle n'est entourée de plus de respect; 2° l'incarcération admise, il n'y a point au monde de système pénitentiaire plus doux et plus paternel. Voilà deux des aphorismes qu'on est sûr de retrouver dans tous les panégyriques de la justice romaine, et auxquels la double publication de M. Paya enlève sans retour toute vraisemblance.

M. Paya était, en Italie, le correspondant du *Siècle*, et il est bon de remarquer que ses correspondances étaient signées. Muni d'un passeport, et en règle avec toutes les autorités qui, dans les États romains, multiplient les barrières devant les voyageurs, M. Paya alla à Rome. Mais il paraît que l'inoffensif correspondant avait, au su de la police romaine, commis un gros crime. Il avait rencontré une fois à Naples et salué M. Mazzini; de là à être un agent du célèbre agitateur, il y aurait eu bien loin pour une police moins prompte en ses élastiques raisonnements. M. Paya fut bel et bien et prestement incarcéré. Après une longue détention préventive, M. Paya fut tout naturellement relâché, non sans avoir eu le temps d'étudier sur le vif le régime des prisons papales.

C'est sur ce régime à l'étude que sa seconde brochure apporte des documents nouveaux, animés par les mémoires et les souvenir d'un prisonnier célèbre : l'avocat et docteur Vincent de Tergolina.

Ces deux publications joignent aux éléments d'intérêt que nous venons de signaler le mérite de vues justes sur l'administration des États romains, jugée par son mécanisme judiciaire. Il ne faut pas oublier en lisant ces brochures rapides et mouvementées cette parole de Montesquieu, qui peut à bon droit leur servir d'épigraphe : « La bonté d'un » gouvernement se mesure au degré de sécurité qu'éprouve le citoyen » pour sa liberté individuelle. » A. HÉBRARD.

Revue Nationale. — Au commencement du mois de mars dernier, M. Charles Paya, correspondant du *Siècle* en Italie, arrivait à Rome et s'installait paisiblement à l'hôtel de la Minerve. Il se proposait d'y séjourner deux ou trois mois ; mais il avait compté sans la police romaine. Le 22 au matin des sbires pénètrent dans sa chambre, et s'y livrent, malgré les protestations du voyageur, à une perquisition minutieuse ; puis ils font main basse sur les papiers, les livres et l'argent de M. Paya, qui ne les a jamais revus, et ils emmennent M. Paya lui-même à la prison de San-Michele. En vain M. Paya prouve qu'il est muni d'un passeport en règle, en vain il cherche à connaître le motif de son arrestation, en vain il se réclame de l'ambassadeur français, son protecteur naturel ; on dédaigne tout ce qu'il peut dire et on l'enferme sans autre explication, dans une cellule étroite, infecte. Ce n'est qu'après l'y avoir laissé souffrir durant vingt-deux jours qu'on charge deux gendarmes de le conduire à Civita-Vecchia, et de l'embarquer pour Livourne.

Nous avons résumé en quelques lignes la brochure de M. Paya qui a pour titre : *Un prisonnier du pape*, et qui sera lue, nous n'en doutons pas, avec un vif intérêt, car elle jette une lumière nouvelle sur le gouvernement des cardinaux. Elle est, d'ailleurs, écrite avec une sincérité remarquable et sans déclamation, ce qui ne peut qu'ajouter aux nombreux éléments d'intérêt que l'auteur a mis en œuvre. A. ARNOULD.

Courrier de la Rochelle. — Vous n'avez pas oublié le petit écrit où M. Charles Paya raconte ses vingt-deux jours de prison à San-Michele, à Rome, pour le fait seul d'être arrivé dans cette ville avec l'intention d'adresser au *Siècle* quelques lettres politiques. M. Charles Paya, qui est en outre auteur d'une histoire de Naples et d'une biographie de Garibaldi, continue à faire pénétrer le grand jour de la publicité dans les cachots du gouvernement romain par une nouvelle brochure intitulée *Les Prisons papales*.

Cette fois M. Paya raconte non plus ses souffrances, mais celles d'un magistrat de Venise, ami de Manin et de Garibaldi, coupable d'avoir cru, en 1848, aux déclarations libérales parties de Vienne et de Rome. Il est difficile de détacher une seule page de ce long martyrologe du juge vénitien, Vincent de Tergolina ; tout se tient comme la chaîne par laquelle les prisonniers sont reliés les uns aux autres pendant leur sommeil. Néanmoins, je vous renvoie aux pages 59 et 60 si vous voulez savoir ce que c'est que la braga, le cavalleto, le collare (collier de fer), la mordacchia (pince au moyen de laquelle on tire la langue hors de la bouche du prisonnier pour le punir de quelques paroles téméraires contre la madone et les saints du paradis). Mais vous aller frissonner :

« A un mille environ du fort de Paliano (page 61) se trouve une espèce de puits profond, sans limite connue, ayant à son ouverture un plan de pierre incliné vers le bas. Les prisonniers n'avaient point d'autre cimetière ou tombeau. Aussitôt qu'un d'eux mourait ou peu après, il était transporté au puits par les auxiliaires sur une échelle de campagne, sans cercueil, à peine enveloppé dans une toile d'emballage et jeté sur le talus, puis lancé dans la profondeur sans autre souci de ce qu'il deviendrait. Souvent même un cadavre servait à pousser plus avant un cadavre porté antérieurement. Cette manière d'être enterré causait un grand effroi aux détenus de Paliano...»

Je le crois sans peine. On croit entendre parler d'une vision de Dante. H. FERRIER.

Il Corriere delle Marche. — Nous avons parcouru avec beaucoup d'intérêt un petit livre que M. Charles Paya intitule : *Un Prisonnier du Pape.* Avec une exactitude scrupuleuse, et un style facile et élégant, l'auteur raconte la captivité qu'il a soufferte à Rome dans la prison politique de San-Michele.

Celui qui désire se faire une juste idée de la procédure policière papale, du mode employé envers les prisonniers politiques, et des prisons politiques elles-mêmes, n'a qu'à lire ces pages. Il peut compter avec certitude qu'il y trouvera tout ce qui peut concourir à satisfaire ses désirs.

M. Paya appartient à cette classe élue de Français qui aiment sincèrement l'Italie, et qui l'ont toujours suivie dans ses malheurs et dans ses joies. Partisan passionné de la liberté sociale la plus étendue, comme celle d'où doit procéder le progrès humain, il voit dans Rome son antique origine, et il espère que dans ses murs pourra renaître la civilisation, de manière à répandre ses splendides bienfaits sur cette terre classique, arène jusqu'ici de luttes citadines, et proie des tyrans indigènes et étrangers.

Nous envoyons à M. Paya un salut fraternel, et le témoignage de notre cordiale reconnaissance. *

Il Nomade. — L'auteur de deux opuscules, *Un Prisonnier du Pape* et *Les Prisons Papales*, est un des Français qui ont le mieux mérité de l'Italie, sur laquelle il a écrit avec la plus grande sympathie, pendant dix années de prison soufferte pour la liberté, de 1849 à 1859.

Condamné à la déportation, ou captivité perpétuelle, M. Paya ne voulut jamais demander grâce, et aussi ne fut-il libre qu'en vertu de l'amnistie générale du 15 août 1849. Ses principaux ouvrages sont : *Naples, de* 1130 *à* 1857, dans lequel est renfermée toute l'histoire de ces provinces depuis la conquête normande jusqu'à l'héroïque tentative de Pisacane ; *De l'Origine de la Papauté*, travail plein de sens et d'érudition, et la *Vie de Garibaldi*, qui est peut-être le meilleur livre qui ait été publié en France sur le héros de Marsala et de Calatafimi.

M. Paya, dans les derniers jours de mai 1860, vint, sur mes instances, à Gênes, en qualité de correspondant du *Siècle*. Il partit ensuite avec moi pour Naples, le 13 juillet, et de là se rendit à Rome, sur la fin de l'hiver, malgré les avertissements de tous ses amis, qui ne manquèrent point de lui prédire tout ce que le mauvais gouvernement papal devait lui faire souffrir. Et de fait, peu de jours après son arrivée à Rome, M. Paya était happé par les policiers et conduit dans la fameuse prison de San-Michele, où il resta vingt-deux jours, sans que l'ambassade de France lui donnât le moindre signe de vie.

Cette capture était d'autant plus injuste, que M. Paya, en passant de Naples à Rome, ne s'était proposé d'autre but que celui de faire dans cette dernière ville ce qu'il avait fait à Naples et à Gênes, c'est-à-dire d'accomplir son devoir de correspondant du *Siècle*, ce qu'il faisait publiquement, en signant toujours ses lettres. Et aucun des papiers saisis par la police ne put servir à prouver les sottes accusations reprochées à M. Paya, de mazzinien et de conspirateur ; si bien qu'après d'inutiles interrogatoires et pas mal de demandes insidieuses de la part des juges-inquisiteurs de la cour romaine, il fallut rendre le captif à la liberté, à condition, cependant, que de la prison de San-Michele, il partirait directement pour Civita-Vecchia, et de Civita-Vecchia pour l'étranger.

M. Paya raconte très bien tout cela, dans le premier opuscule dont je recommande la lecture à quiconque conserverait encore quelque doute sur la nécessité de ravir au pape la puissance temporelle.

Dans la seconde brochure, notre auteur décrit le misérable sort d'un Vénitien, Vincent de Tergolina, ancien ami de Manin, et qui souffrit quatre années dans les horribles cachots du pape, quoiqu'il n'eût commis d'autre faute que celle d'aimer l'Italie et la liberté. Arrêté à Rome, le 7 octobre 1851, Tergolina était conduit à la prison de Montecitorio, et confondu avec les voleurs et les assassins ; de là à San-Michele, ensuite aux cachots dits de *Termini*, et finalement dans le fameux bagne de Paliano, d'où il sortait le 29 décembre 1854, après avoir souffert les plus affreux tourments. Relativement à ceux-ci, il me suffira de dire que l'horrible régime du Spielberg est un délice en comparaison de celui auquel sont soumis les prisonniers du pontife qui s'intitule vicaire de Jésus-Christ.

Que M. Paya soit loué pour avoir fait connaître au delà des monts les infamies du pire des gouvernements! J. Ricciardi.

Le Causeur. — La papauté aujourd'hui si puissante que d'un signe elle peut boulverser le monde catholique, a eu pourtant une très humble origine. Ces papes si fiers, qui veulent courber sous leurs ordres tous les peuples de l'Europe, n'étaient dans les premiers siècles de l'ère chrétienne que de simples évêques, comme ceux de Carthage au d'Alexandrie.

Nous ne pouvons suivre M. Charles Paya dans le récit qu'il nous fait de ces premiers temps de l'église chrétienne, mais nous ne pouvons qu'applaudir à la généreuse idée qui lui a inspiré cet ouvrage. C'est un service rendu à la cause du progrès que d'éclairer les gens sur un pouvoir papal, au nom duquel un parti anti-français cherche à boulverser les consciences. Ce livre est le résultat de longues et consciencieuses recherches; l'auteur n'a négligé aucun document; il connaît mieux qu'un théologien l'histoire de toutes les sectes hérétiques qui divisèrent l'église : il prouve d'une manière irréfutable que Constantin et les empereurs, ses successesseurs, qui fixèrent par eux-mêmes, ou firent fixer par des conciles présidés par eux, les points les plus importants de la religion, ignoraient jusqu'aux vérités les plus élémentaires de la foi.

M. Charles Paya n'est pas seulement un savant, c'est un écrivain fort habile, qui sait dramatiser tous les événements qu'il raconte. Son ouvrage ne plaira point aux ultramontains, mais il sera lu avec empressement par tous les esprits qui aiment la vérité dans l'histoire.

Edmond Pannier.

Paris. Imp. Félix Malteste et Ce, rue des Deux-Portes-St-Sauveur, 22.

www.ingramcontent.com/pod-product-compliance
Lightning Source LLC
LaVergne TN
LVHW012003160826
845678LV00002B/677

* 9 7 8 2 3 2 9 6 7 8 1 0 8 *